Nordrhein-Westfalen

Karte · Bild · Wort

Arbeitsheft

Peter Flau, Joachim Grebe, Udo Jakat,
Dr. Ewald Kurowski, Dr. Henry Meier,
Wolfgang Mömken, Jutta Ritter

Schroedel

Hinweis: Die Angabe „zu den Seiten ..." gibt die entsprechenden Seiten im Buch „Unser Land Nordrhein-Westfalen in Karte, Bild und Wort" an.

ISBN 3-507-**50510**-X

© 1995 Schroedel Verlag
im Bildungshaus Schroedel Diesterweg Bildungsmedien GmbH & Co. KG, Hannover

Grafik: Klaus Roß, Liselotte Lüddecke
Karten: Frank Brunnée Werbeagentur (S. 8)
        übrige Karten: FRD Berlin
Druck und Bindung: Oeding Druck und Verlag, Braunschweig

Karte · Bild · Wort, Arbeitsheft

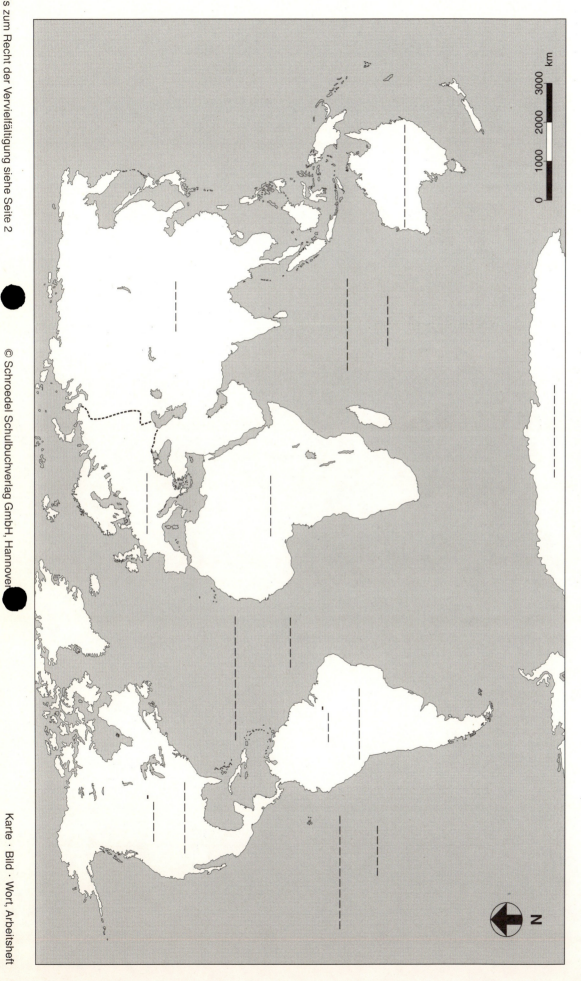

km

3000

2000

1000

0

N

1. Schreibe die Namen der Ozeane und Kontinente auf die gestrichelten
Linien in der Karte.

2. Male die Ozeane, Meere und Seen hellblau aus.

3. Male die Kontinente in den Farben der olympischen Ringe aus:
Amerika = rot, Afrika = schwarz, Europa = blau, Asien = gelb,
Australien = grün

Hinweis zum Recht der Vervielfältigung siehe Seite 2

Karte · Bild · Wort, Arbeitsheft

1. Schreibe alle Länder auf, die an die Bundesrepublik Deutschland grenzen.

_____

_____

_____

2. Schreibe jeweils das richtige Land hinter das Autokennzeichen.

CH _____   UA _____

E _____   I _____

PL _____   RUS _____

S _____   N _____

Zu Seite 7

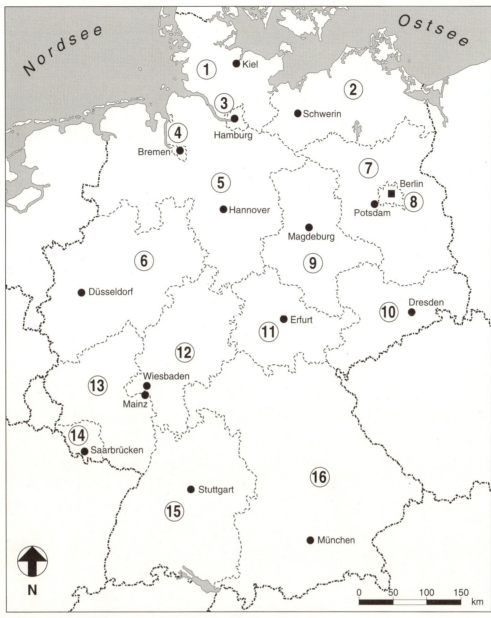

1. Zeichne die Grenze der Bundesrepublik Deutschland rot nach.

2. Schreibe die Namen der Bundesländer auf.

① _____

② _____

③ _____

④ _____

⑤ _____

⑥ _____

⑦ _____

⑧ _____

⑨ _____

⑩ _____

⑪ _____

⑫ _____

⑬ _____

⑭ _____

⑮ _____

⑯ _____

Zu Seite 8

Hinweis zum Recht der Vervielfältigung siehe Seite 2

© Schroedel Schulbuchverlag GmbH, Hannover

Karte · Bild · Wort, Arbeitsheft

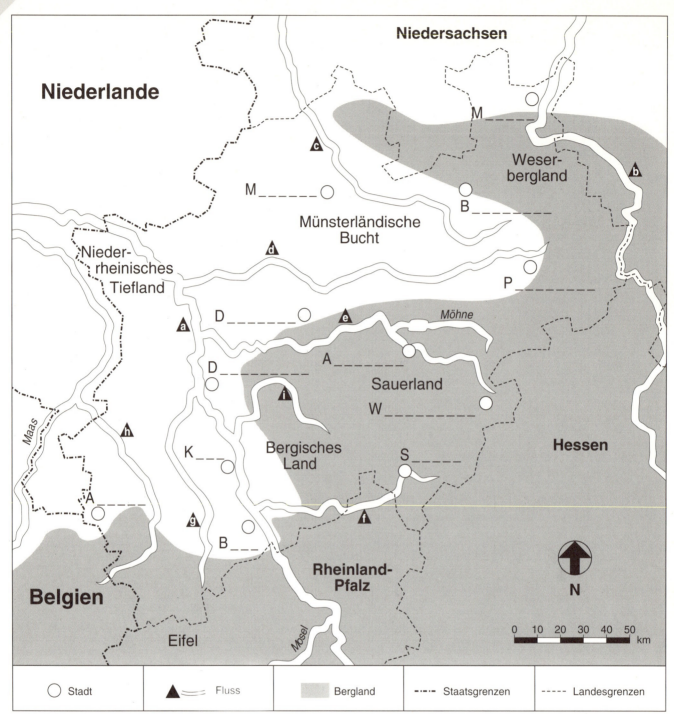

1. Male mit einem roten Stift die Grenze unseres Bundeslandes Nordrhein-Westfalen nach.

2. Schreibe die Namen der Städte in die Karte.

3. Male die Karte aus:
Städte = rot,
Flüsse = blau,
Tiefland = grün,
Bergland = braun

4. Vervollständige die Legende.

5. Schreibe die Namen der Flüsse auf.

a _____

b _____

c _____

d _____

e _____

f _____

g _____

h _____

i _____

Zu den Seiten 10 und 11

1. In den Kartenausschnitten sind einige Städtenamen oder andere Namen nicht eingetragen. Du findest in jedem Ausschnitt Hinweise, wo du das Gesuchte finden kannst.

Ein Tip: Achte auf Flüsse, Orte und Grenzen.

Schreibe die gesuchten Namen auf die Linien.

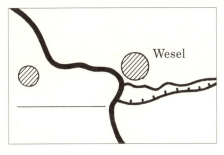

A. Ein schöner mittelalterlicher Dom und ein archäologischer Park sind zu besichtigen in

_ _ _ _ _ _ .

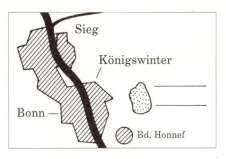

B. Der Drachenfels ist ein Berg im

_ _ _ _ _ _ _ _ _ .

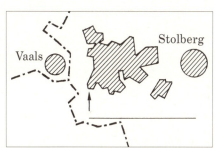

C. Zwei Nachbarstaaten sind von dieser Stadt aus schnell zu erreichen:

_ _ _ _ _ _ _ _ .

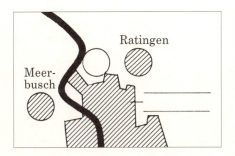

D. Vom Rhein-Ruhr-Flughafen aus sind viele Ziele in aller Welt erreichbar. Dieser Flughafen befindet sich in

_ _ _ _ _ _ _ _ _ .

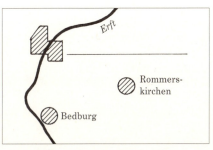

E. Südwestlich dieser Stadt wird in großen Tagebauen Braunkohle abgebaut:

_ _ _ _ _ _ _ _ _ .

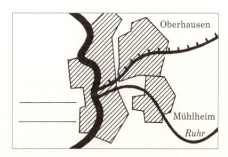

F. Der größte Binnenhafen der Welt hat sich an der Mündung der Ruhr in den Rhein entwickelt. Der Hafen liegt in

_ _ _ _ _ _ _ _ .

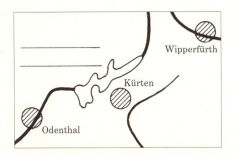

G. Die größte Talsperre des Bergischen Landes versorgt viele Menschen in der Niederrheinischen Bucht mit Trinkwasser. Es ist die

_ _ _ _ _ - _ _ _ _ _ _

_ _ _ _ _ _ _ _ _ .

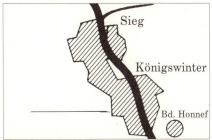

H. Von 1949 bis 1990 war diese alte Stadt am Rhein Hauptstadt der Bundesrepublik Deutschland:

_ _ _ _ .

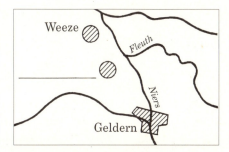

I. Mehr als 600 000 Christen kommen jedes Jahr in diese Stadt, um am Gnadenbild der Muttergottes zu beten. Ziel ihrer Wallfahrt ist

_ _ _ _ _ _ _ _ .

Zu den Seiten 12 und 13

Ein solches oder ein ähnliches Schild befindet sich an vielen Gemüse- oder Obstkisten, die du auf dem Markt oder in Geschäften sehen kannst.

Diese Schilder geben Auskunft über die Art der Ware, über ihre Herkunft und über ihre Qualität.

1. Schreibe auf:

- Welche Ware befand sich in der Kiste? _____

- Woher stammte die Ware? _____

- Welche Qualitätsstufe hatte die Ware? _____

2. Besorge dir ein anderes Schild oder mehrere. Du kannst aber auch ein Schild im Geschäft oder auf dem Markt abzeichnen. Klebe das Schild oder deine Zeichnung hier auf.

Zu den Seiten 14 und 15

Hinweis zum Recht der Vervielfältigung siehe Seite 2

Karte · Bild · Wort, Arbeitsheft

1. Schneide die Bilder und Texte aus.
2. Ordne die Texte den Bildern richtig zu.
3. Sortiere nun, was zum Getreideanbau früher und was zum Getreideanbau heute gehört.

4. Bringe die Abbildungen jeweils in die richtige Reihenfolge. Klebe sie dann auf ein Blatt Papier.

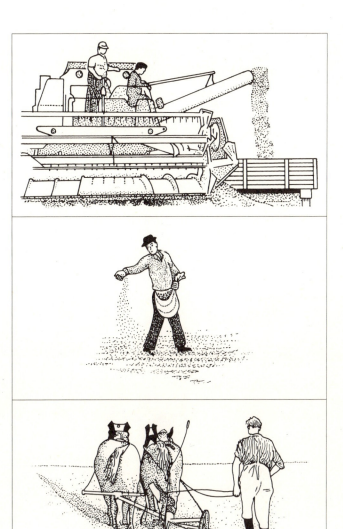

Der große Mähdrescher schneidet die Halme ab, drischt die Körner aus den Ähren, reinigt das Korn und sammelt es.

Mit der Hand konnte der Bauer beim Säen die Körner nur ungleichmäßig verteilen.

Mit der Sämaschine kommen die Körner gleichmäßig in der richtigen Tiefe in den Boden.

Früher zogen die Pferde nur einscharige Pflüge.

Mit dem Dreschflegel wurde das Korn ausgedroschen.

Mit dem Traktor und einem vierscharigen Pflug kann in kurzer Zeit ein großes Feld gepflügt werden.

Das Ernten mit der Sense war schwerste Arbeit. Beim Bündeln halfen Frauen und Kinder.

Zu den Seiten 16 und 17

Hinweis zum Recht der Vervielfältigung siehe Seite 2

Karte · Bild · Wort, Arbeitsheft

Schneide die beiden großen Abbildungen auf den Seiten 13 und 14 aus. Falte alle Abbildungen an der markierten Linie. Lege die vier Bögen so zusammen, dass ein von 1-8 nummeriertes Heft entsteht. Hefte die Bögen zusammen. Male in die Bilder ⑥ und ⑦ die rekultivierte Landschaft, wie du sie dir vorstellst.

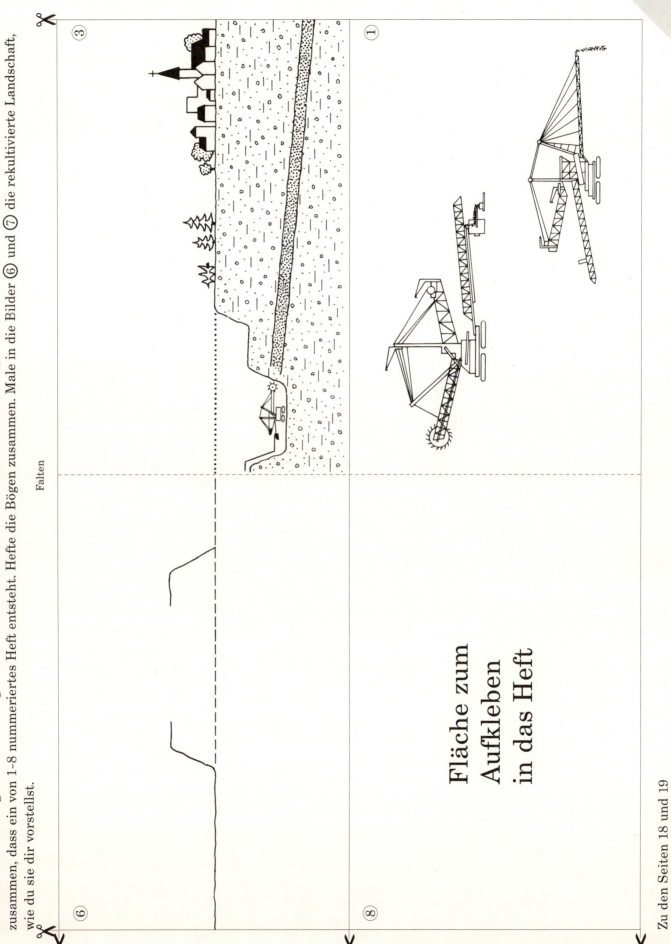

Falten

③

①

Fläche zum
Aufkleben
in das Heft

⑥

⑧

Zu den Seiten 18 und 19

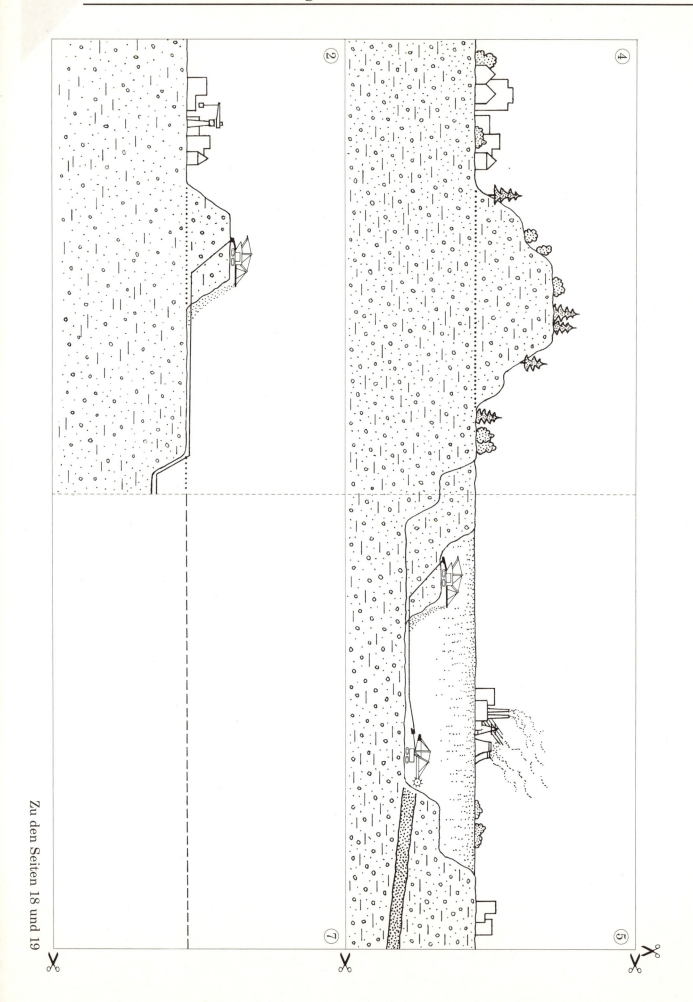

Zu den Seiten 18 und 19

Karte · Bild · Wort, Arbeitsheft

Die Eifel ist ein bekanntes Ausflugsziel. Auf dieser Seite findest du eine Auswahl von Ausflugszielen.

Liste der möglichen Ziele:

[1] Rhein. **Freilichtmuseum** Kommern (Wohnen und Wirtschaften in der Eifel und der Niederrheinischen Bucht; Vorführung alter Handwerkstechniken)

[2] Römische Wasserleitung mit **Aquädukt** Vussem

[3] **Kakushöhle** Eiserfey (Höhle war während der Steinzeit bewohnt)

[4] **Bad Münstereifel** (Sehenswerte historische Gebäude; viele Kur- und Fremdenverkehrseinrichtungen, z. B. Freizeitbad)

[5] **Kloster Steinfeld** (Führung durch die über 1000 Jahre alte Kirche)

[6] **Archäologischer Lehrpfad** Nettersheim (Museum Nettersheim mit Steinsammlung)

[7] **Rur-Talsperre** (Sperrmauer; Bootanlegestelle für Rundfahrten)

[8] **Monschau** (Gut erhaltene mittelalterliche Stadtanlage mit schönen alten Gebäuden; ehemalige Tuchmacher-Stadt; Zentrum des Fremdenverkehrs)

[9] **Sommer-Rodelbahn** Rohren

[10] **Wildfreigehege** Hellenthal mit Greifvogelwarte (Flugvorführungen)

[11] **Blankenheim** (Mittelalterliche Burg mit Stadtanlage; sehenswerte alte Gebäude; zahlreiche Einrichtungen für den Fremdenverkehr)

[12] **Naturschutzgebiet** Lampersbachtal westl. von Ahrhütte (Wacholder-Schutzgebiet, seltene Pflanzen, Wandergebiet)

[13] **Rindvieh- und Schweinemarkt** Hillesheim (wird jeden 1. und 3. Donnerstag im Monat von 7.30 Uhr an abgehalten)

[14] **Wolfspark** Kasselburg bei Gerolstein mit Greifvogelwarte (Flugvorführungen)

[15] **Gerolsteiner Sprudelfabrik** (Besichtigung nach Voranmeldung)

[16] **Dauner Maare** (Seen aus Vulkanzeit der Eifel.)

[17] **Kronenburg** (Burgruine mit vielen alten Gebäuden in der von einer Mauer umschlossenen Burgsiedlung)

[18] **Kronenburger See** mit Freizeitanlage (Spielgeräte, Minigolf, Bootfahrten)

[19] **„Goldberg"**, 649 m hoher Berg, zu Fuß ca. 1 Stunde von Ormont entfernt (Vulkankegel aus vulkanischen Schlacken im Abbau; Besichtigung nach Absprache, Windkraftanlage)

[20] **Sägewerk** Ormont (Besichtigung nach Absprache)

1. Lies die Liste der Ausflugsziele durch und schau auf der Karte nach, wo sie in der Eifel liegen.
2. Suche dir drei oder vier Ziele aus und markiere sie mit einem Farbstift in der Karte.
3. Trage die Fahrstrecken, die du nehmen willst, in der Karte farbig ein.
4. Gib an, welche Verkehrsmittel du benutzen möchtest.

Ausflugskarte:

Zu den Seiten 20 und 21

Die Abbildungen ① bis ④ zeigen in der richtigen Reihenfolge die Entstehung eines Maares.

1. Ordne die Texte den Abbildungen zu. Trage die richtigen Nummern in die Kästchen ein.

2. Male die Abbildungen an. Achte darauf, dass dieselben Dinge auf allen Bildern die gleiche Farbe bekommen.

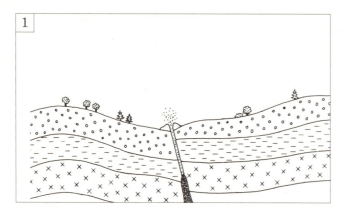

☐ Das glutflüssige Magma stieg weiter hoch. Es traf auf eine Erdschicht, in der viel Grundwasser gespeichert war. Durch die große Hitze verdampfte in kurzer Zeit viel Wasser. Der Druck des Wasserdampfes wurde sehr groß. Es kam zur Explosion. Vom Spaltenrand wurden viele Steine losgerissen und nach oben herausgeschleudert. Sie bildeten nach dem Ausbruch einen Ringwall um die Ausbruchsöffnung. - Es konnte mehrere solcher Explosionen geben.

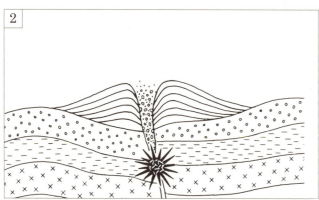

☐ Der Boden des Maares konnte durch Tongestein wasserdicht werden. Dann füllte es sich mit Grund- und Regenwasser zu einem runden See. Einen solchen See nennen wir Maarsee.

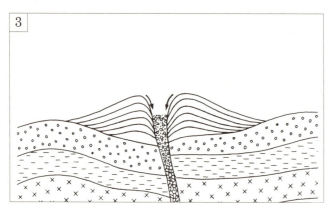

☐ Durch anfangs noch sehr enge Gesteinsspalten stieg glutflüssiges Magma aus großer Tiefe nach oben. Dabei strömten Gase ins Freie. Damit wurde auch feiner Steinstaub aus tieferen Erdschichten ausgeworfen und abgelagert.

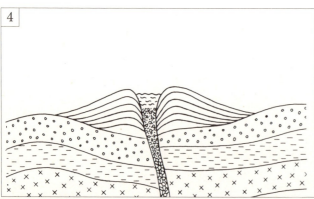

☐ Das Magma stieg im verbreiterten Spalt nicht mehr weiter hoch. Es kühlte allmählich ab. Die Explosionen hörten auf. Vom Ringwall rutschte Schutt in den Explosionstrichter. Das kam dann auch zur Ruhe, aber es blieb ein riesiges Loch übrig. Ein so entstandenes Loch nennen wir Maar.

Zu Seite 21

Karte · Bild · Wort, Arbeitsheft

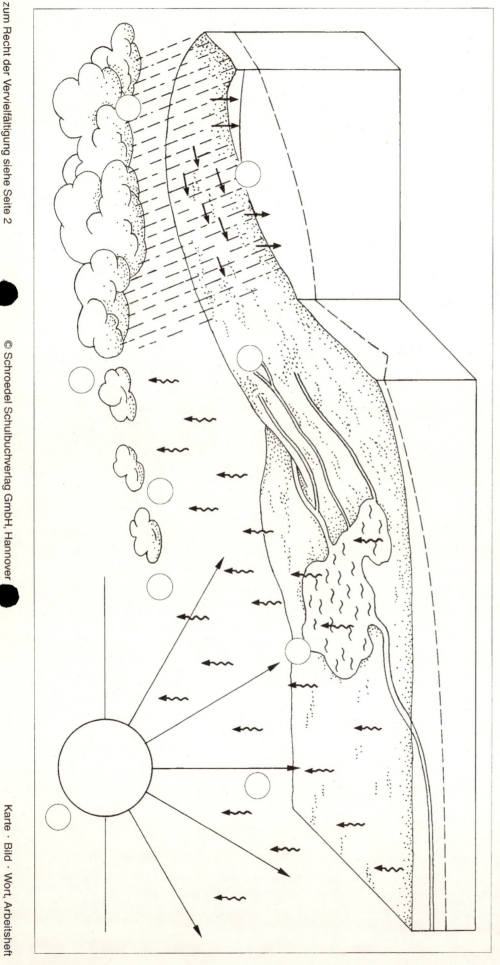

Ihr habt gelernt, dass im Bergischen Land viele Niederschläge fallen. Durchschnittlich werden jährlich 1200 mm gemessen. Ein wichtiger Grund für die hohen Niederschläge ist der Steigungsregen. Die Abbildung zeigt dir, was Steigungsregen ist und wie er entsteht. Die folgenden Texte beschreiben in richtiger Reihenfolge den in der Abildung dargestellten Vorgang.

1. Trage die Nummern der Texte an der richtigen Stelle in die Kreise in der Abbildung ein.

① Die Sonne spendet Wärme.
② Die Sonne erwärmt das Wasser im Meer und auf dem Land.
③ Wasser verdunstet.
④ Wasserdampf steigt auf.
⑤ In der Höhe des Bergischen Landes ist es kälter als im Niederrheinischen Tiefland. Wasserdampf kondensiert zu Tröpfchen. Es entstehen Wolken.
⑥ Der Wind, der häufig aus Westen weht, treibt die Wolken über das Bergische Land. Sie kühlen sich ab.
⑦ Aus den Wolken fällt der Regen zur Erde.
⑧ Das Regenwasser fließt obererdig ab oder versickert im Boden.
⑨ Das Grundwasser fließt aus Quellen in die Bäche und Flüsse.

2. Beschreibe in deinen Worten, wie Steigungsregen entsteht.

Hinweis zum Recht der Vervielfältigung siehe Seite 2

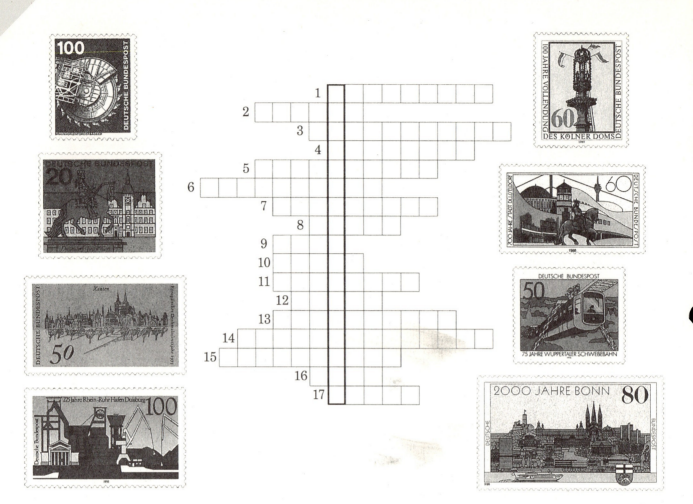

1. In dieser Stadt gibt es ein weltweit einzigartiges Verkehrsmittel, die Schwebebahn.
2. Im Dom dieser alten Kaiser- und Badestadt ruhen die Gebeine Karls des Großen.
3. Häfen, die nicht am Meer, sondern an Flüssen liegen, haben einen besonderen Namen. (Einzahl)
4. Im Rheinland wird Braunkohle in offenen Gruben abgebaut. Diese Gruben nennen wir so:
5. Diese Kulturpflanze stellt hohe Ansprüche an Boden und Klima. Sie wird meist in Fruchtfolge mit Weizen und Gerste abgebaut.
6. Aus dieser Industriestadt am Rhein gehen Arzneimittel und Farben in alle Welt.
7. Sie übernehmen in künstlichen Wasserstraßen die Aufgaben von Treppen.
8. Wo natürliche Wasserstraßen fehlten, haben Menschen diese künstlichen Wasserstraßen gebaut. (Einzahl)
9. Die größte Stadt Nordrhein-Westfalens wurde vor 2000 Jahren von den Römern gegründet.
10. Ackerbau-Landschaften mit sehr fruchtbaren Böden (meist Lössböden) werden so genannt:
11. Diese Stadt ist ein Zentrum für den Gartenbau.
12. Vor rund 2000 Jahren beherrschten sie weite Teile Europas. Auch am linken Niederrhein bauten sie Siedlungen.

13. Diese Stadt am Rhein ist die Landeshauptstadt Nordrhein-Westfalens.
14. Mit dieser wichtigen Maßnahme werden im Braunkohlenrevier zerstörte Landschaften wieder lebenswert gemacht.
15. Der Wasserreichtum im Bergischen Land, im Sauerland und in der Eifel hat dazu geführt, dass Menschen diese Anlagen gebaut haben.
16. Diese Stadt am Rhein war von 1949 bis 1990 Hauptstadt der Bundesrepublik Deutschland.
17. In der südlichen Eifel sind in vulkanischen Einbruchstrichtern fast kreisrunde Seen entstanden. Sie haben besondere Namen.

Die Buchstaben in den dick umrandeten Feldern ergeben einen anderen Namen für die Landschaft beiderseits des Niederrheins:

__ __ __ __ __ __ __ __ __ __ __ __ __ __ __ __ __ __ .

Wenn du die abgebildeten Briefmarken mit den passenden Städtenamen oder Begriffen im Rätsel verbindest, bleibt eine Briefmarke übrig.
Sie zeigt eine mittelalterliche Stadt:

__ __ __ __ __ __ .

Zu den Seiten 12 bis 29

Karte · Bild · Wort, Arbeitsheft

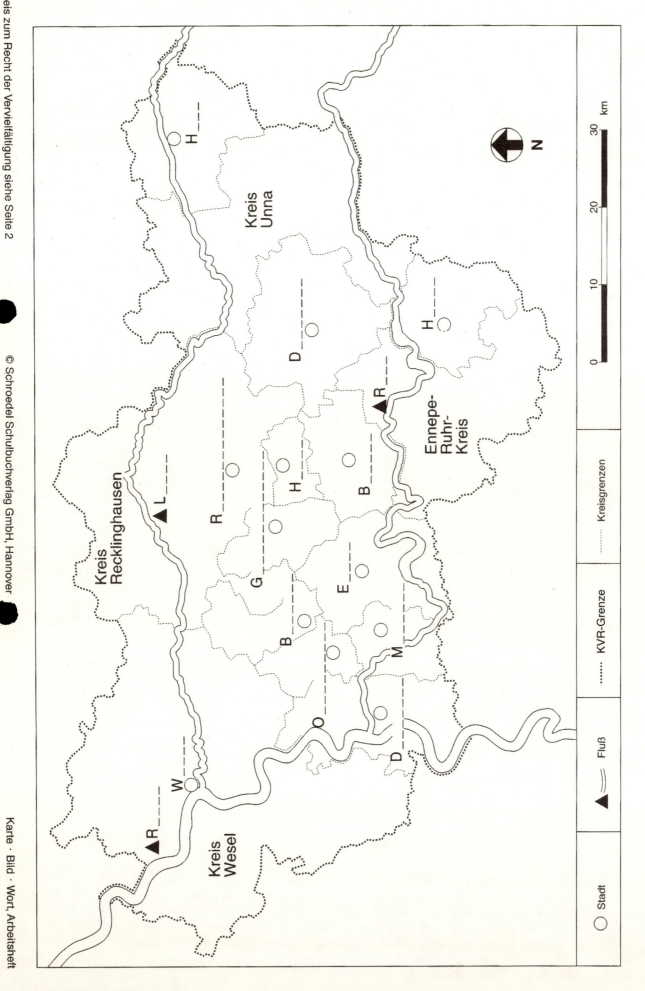

1. Trage die Namen der Städte ein.

2. Male die Flüsse blau an und beschrifte sie.

3. Male mit einem roten Stift die Grenze des Kommunalverbandes Ruhrgebiet nach.

Zu den Seiten 30 und 31

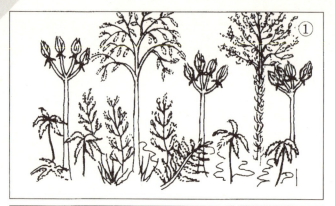

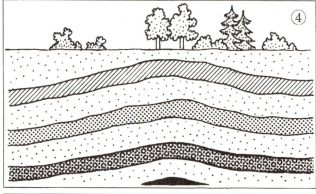

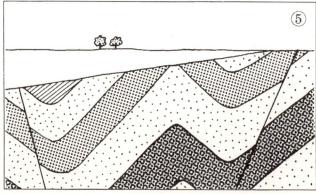

1. Betrachte die Bilder genau. Sie erzählen die Entstehung von Braunkohle und Steinkohle vor vielen Millionen Jahren.
2. Überlege, welche Texte zu den Bildern passen. Schreibe die passenden Nummern der Bilder in die Kästchen.
3. Schreibe den Text in der richtigen Reihenfolge auf ein Blatt Papier.

☐ Alle Schichten sinken in immer größere Tiefe ab, wo Druck und Hitze mehr und mehr zunehmen. Dadurch wird aus dem Torf zunächst Braunkohle und viel später Steinkohle.

☐ Von Zeit zu Zeit senkt sich das Land ab. Das Meer überspült das Land. Das Land wird zum Meeresboden. Da der Meeresboden immer weiter absackt, werden die Torfschichten mehrfach von Sand und Schlamm überdeckt. Darauf wachsen neue Sumpfwälder. Es bilden sich immer wieder neue Torfschichten.

☐ Im Sumpfwald ist die Luft stickig und feucht. Überall gluckst schlammiger Boden. In diesem Urwald stehen 30 m hohe Schuppenbäume und Siegelbäume. Dazwischen stehen Riesenfarne. Menschen gibt es noch nicht. Nur wenige Tiere leben an Land.

☐ Millionen Jahre später werden die Kohlenschichten aus der Tiefe wieder in die Höhe gedrückt. Dabei falten sie sich und zerreißen. Daher sind fast alle Flöze im Ruhrgebiet geneigt. An vielen Stellen brechen sie ab. An anderer Stelle setzen sich die Flöze fort.

☐ Absterbende Pflanzen versinken im Morast. Dort verfaulen sie nicht. Sie entwickeln sich zu Torf.

Hinweis zum Recht der Vervielfältigung siehe Seite 2   © Schroedel Schulbuchverlag GmbH, Hannover   Karte · Bild · Wort, Arbeitsheft

Hinweis zum Recht der Vervielfältigung siehe Seite 2

© Schroedel Schulbuchverlag GmbH, Hannover

Karte · Bild · Wort, Arbeitsheft

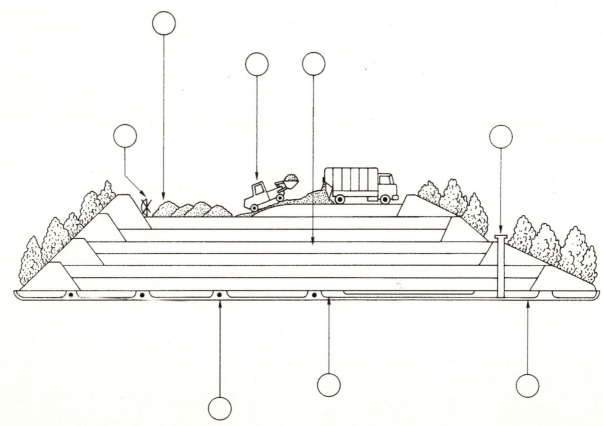

1. Die Ziffern 1-8 benennen wichtige Teile einer Mülldeponie. Schreibe die richtigen Ziffern aus dieser Liste in die Kreise der Zeichnung.

① Dichtung (Folie, Ton)
② Schutzschicht (Sand)
③ Dränage (Entwässerung)
④ Probebrunnen
⑤ Müll
⑥ Abdeckmaterial (Boden)
⑦ Müllverdichter
⑧ Papierfangzaun

2. Wie werden an deinem Wohnort folgende Abfälle entsorgt? Informiere dich und trage die Antwort in die Tabelle ein.

Abfälle	Entsorgung
Altöl	
Gartenabfälle	
Teppiche	
alte Batterien	
Farbreste	
Autoreifen	
Medikamente	
Blechdosen	
Glas	
Papier	

Zu den Seiten 36 und 37

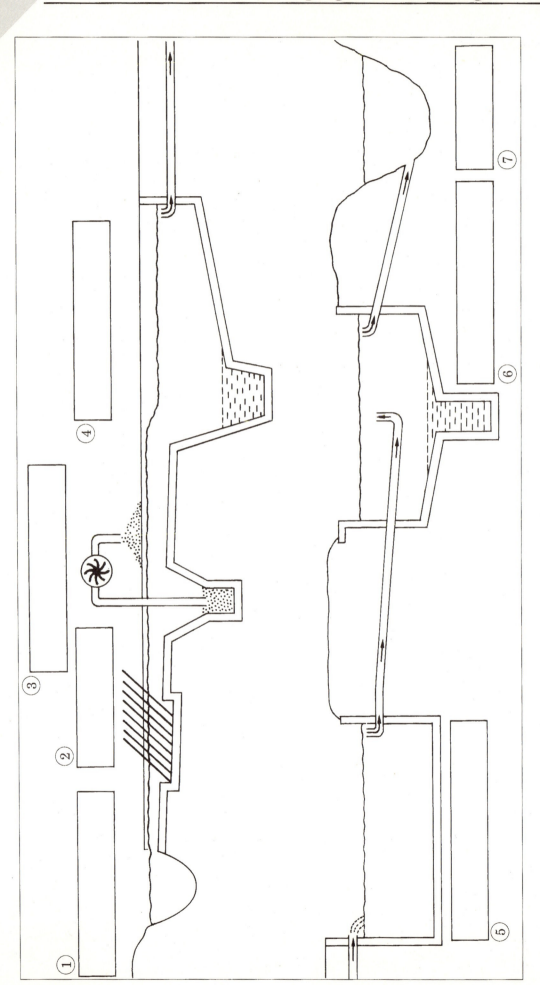

1. Trage folgende Begriffe an der richtigen Stelle in die Kästchen ein:

Belüftungsbecken – Abwasserkanal – Nachklärbecken – Fluss – Rechen – Sandfang – Vorklärbecken

2. Male das Wasser in der Abbildung an:

Abwasser → hellbraun, Mischwasser → grau, gereinigtes Wasser → blau, Schlamm → dunkelbraun, Sand → gelb.

3. Schreibe in der richtigen Reihenfolge die einzelnen Schritte der Abwasserklärung untereinander auf ein Blatt Papier.

Beim Transport von 224 Containern werden benötigt:

1 Schiff mit einer Länge von etwa 100 m

oder

3 Güterzüge mit einer Gesamtlänge von etwa 2000 m

oder

112 Lastzüge mit einer Gesamtlänge von etwa 3000 m.

Das Schaubild macht deutlich: Schiffe benötigen für den Transport einer bestimmten Menge Container weniger Platz als Güterzüge oder Lastwagen.

1. Setze die folgenden Wörter in den Lückentext ein:
   Anlieferung, Binnenhäfen, Energie, natürliche, Platz, Wasserstraßen, Lastwagen.

Was du im Schaubild nicht erkennen kannst:

Schiffe verbrauchen weniger _____ für den Antrieb als Güterzüge oder Lastwagen für den Transport der gleichen Menge Güter verbrauchen würden.

Einige Flüsse werden schon seit langer Zeit als _____ Verkehrswege von Schiffen genutzt.
Diese _____ mussten nicht erst gebaut werden.

Schiffstransport lohnt sich aber nur bei Waren, die viel _____ benötigen.

Für die _____ und den Abtransport von Waren sind Güterzüge und _____ notwendig.

Übrigens können nicht in allen _____ Container verladen werden.

Zu den Seiten 46 und 47

Hinweis zum Recht der Vervielfältigung siehe Seite 2

© Schroedel Schulbuchverlag GmbH, Hannover

Karte · Bild · Wort, Arbeitsheft

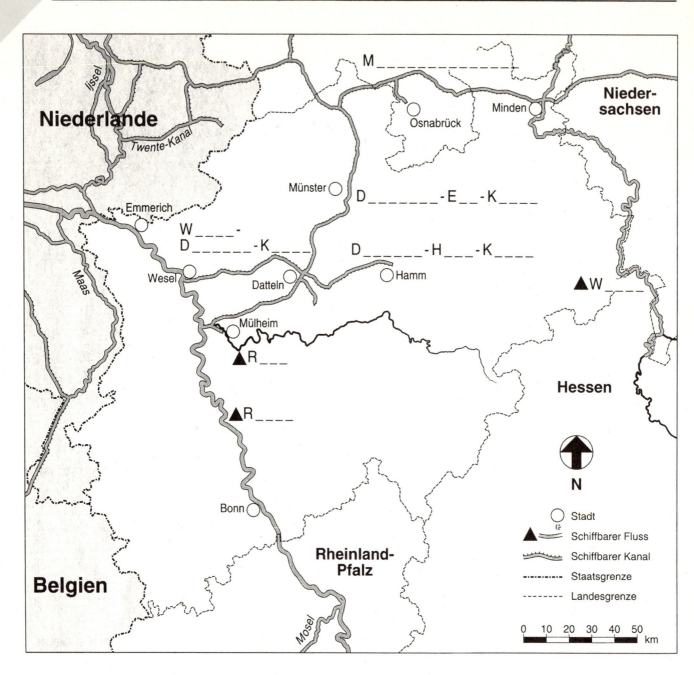

M _____

Niederlande

Twente-Kanal

Niedersachsen

Osnabrück   Minden

Münster

D _____ - E ___ - K ____

W ____ -
D _____ - K ____   D _____ - H ___ - K ____

Emmerich

Wesel   Datteln   Hamm

▲ W ____

Mülheim

▲ R ___

Hessen

▲ R ____

Maas

Belgien

Bonn

Rheinland-Pfalz

Mosel

N

○ Stadt
▲ Schiffbarer Fluss
Schiffbarer Kanal
Staatsgrenze
Landesgrenze

0 10 20 30 40 50 km

1. Trage die Namen der Flüsse und Kanäle in die Karte ein.

2. Verbinde mit Strichen die Schiffe mit dem richtigen Text. Achte auf die Länge der Schiffe.

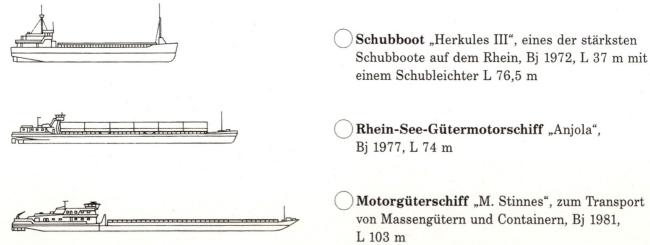

○ **Schubboot „Herkules III"**, eines der stärksten Schubboote auf dem Rhein, Bj 1972, L 37 m mit einem Schubleichter L 76,5 m

○ **Rhein-See-Gütermotorschiff „Anjola"**, Bj 1977, L 74 m

○ **Motorgüterschiff „M. Stinnes"**, zum Transport von Massengütern und Containern, Bj 1981, L 103 m

Zu den Seiten 46 und 47

waagerecht:

1. Naturpark im Norden des Ruhrgebiets
2. größte Bergbaustadt Deutschlands
3. Großstadt an der Lippe
4. der Fluss gab dem Industriegebiet seinen Namen
5. in dieser Stadt mündet die Emscher in den Rhein
6. die „Kruppstadt"
7. fließt bei Hagen in die Ruhr
8. Stadt nördlich von Dortmund an der Lippe
9. der größte Binnenhafen Europas liegt in ...
10. Fluss, der über Hamm und Dorsten durch das Ruhrgebiet fließt
11. Großstadt südlich der Haard
12. südwestliche Nachbarstadt von Bottrop

senkrecht:

13. Stadt, in der Autos gebaut werden
14. Waldgebiet nördlich von Oberhausen
15. Stadt der Brauereien
16. größter Abwasserfluss des Ruhrgebietes
17. frühere Hafenstadt an der Ruhr bei Duisburg
18. zu dieser Stadt gehört der Stadtteil Schalke
19. künstliche Wasserstraße, die den Rhein mit Herne verbindet
20. südwestlich von Datteln liegt hier das Schiffshebewerk am Dortmund-Ems-Kanal

Zu den Seiten 30 bis 47

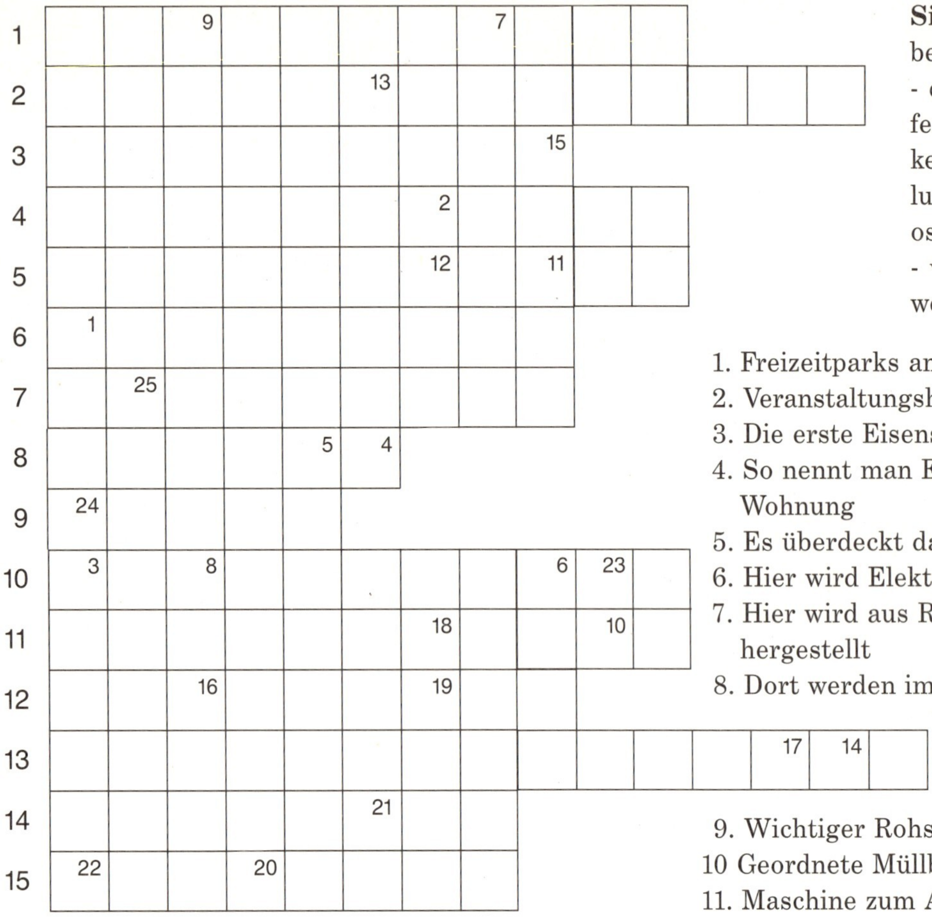

Silbenrätsel

bel - berg - bir - bo - bund - chum - de - deck - er - erd - fa - feld - fern - ge - ge - hal - ho - ho - kehrs - koh - kraft - le - len - len - lung - me - müll - nah - nie - öl - oster - parks - po - re - stahl - ver - ver - vier - wär - walz - werk - werk - werk - werk - west

1. Freizeitparks am Rande von Städten
2. Veranstaltungshalle in Dortmund
3. Die erste Eisenschmelze wurde dort errichtet
4. So nennt man Erholung in der Nähe der Wohnung
5. Es überdeckt das Flöz führende Gestein
6. Hier wird Elektrizität gewonnen
7. Hier wird aus Roheisen und Schrott etwas hergestellt
8. Dort werden im Ruhrgebiet Autos gebaut
9. Wichtiger Rohstoff eines Chemiewerkes
10 Geordnete Müllbeseitigung
11. Maschine zum Anbau der Kohle
12. Wärme, die aus Kraftwerken in Wohnhäuser gepumpt wird
13. Zusammenschluss der öffentlichen Verkehrsbetriebe im Ruhrgebiet
14. Wo Bleche aus Stahl hergestellt werden
15. Bietet Arbeitsplätze unter der Erde

Die Buchstaben in der Reihenfolge der Zahlen ergeben den Namen einer Organisation, in der die Gemeinden des Ruhrgebietes zusammengeschlossen sind.

___ ___
1 2 3 4 5 6 7 8 9 10 11 12 13 14 15 16 17 18 19 20 21 22 23 24 25

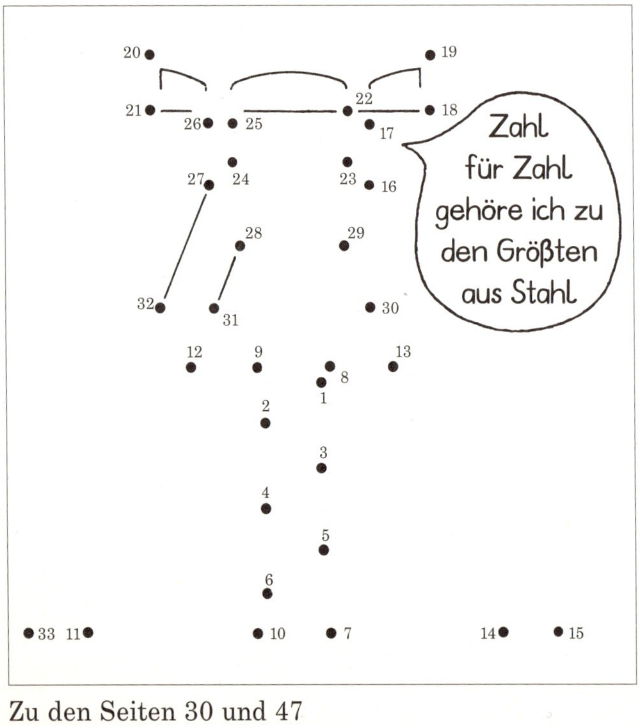

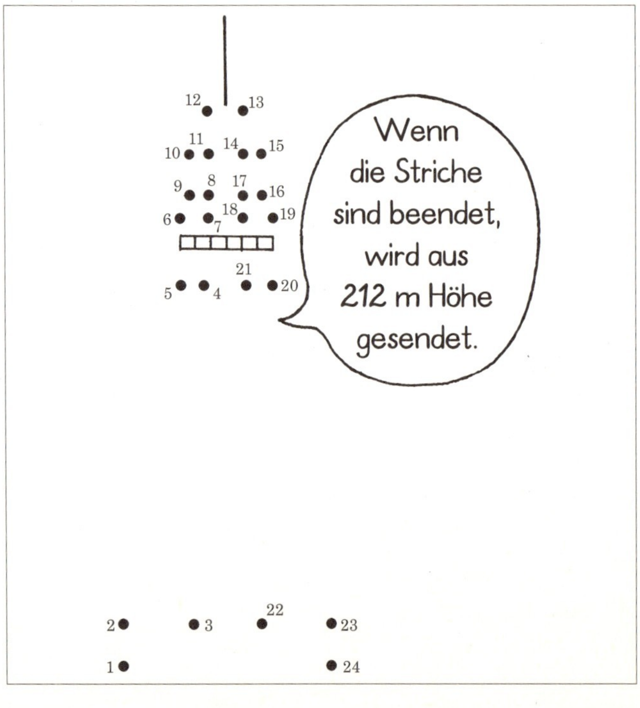

Zu den Seiten 30 und 47

Hinweis zum Recht der Vervielfältigung siehe Seite 2
© Schroedel Schulbuchverlag GmbH, Hannover
Karte · Bild · Wort, Arbeitsheft

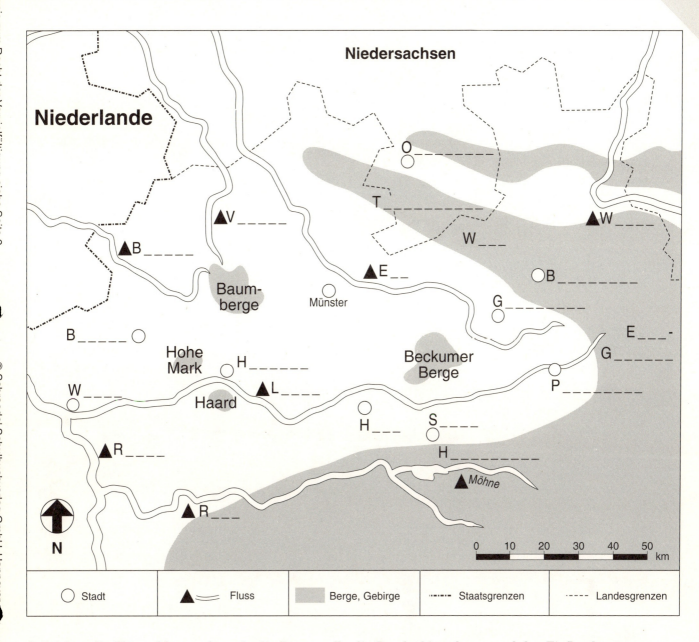

1. Zeichne die Flüsse blau nach, male die Berge gelb, die Randgebirge braun und das Tiefland grün an.

2. Trage die Namen der Randgebirge und der Flüsse in die Karte ein.

3. Male die Städte rot und schreibe ihre Namen dazu.

4. Schreibe auf, welche Städte an der Lippe liegen.

Karte · Bild · Wort, Arbeitsheft

Zu den Seiten 48 und 49

Die Bauern spezialisieren sich auf:

_____   _____   _____   _____

Landwirtschaftliche Erzeugnisse und die daraus hergestellten Waren

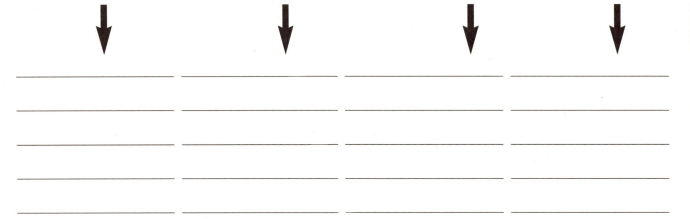

1. Trage die nachfolgenden Wörter richtig ein! Ackerbau - Eierproduktion -Milchvieh - Tiermast

2. Ordne die folgenden Erzeugnisse den Landwirtschaftsbetrieben zu. Brot - Eier - Fleisch - Grillhähnchen - Käse - Kartoffeln - Mais - Joghurt - Milch - Quark - Sahne - Schinken - Nudeln - Wurst

Zu den Seiten 50 und 51

Grundriss eines münsterländischen Bauernhauses

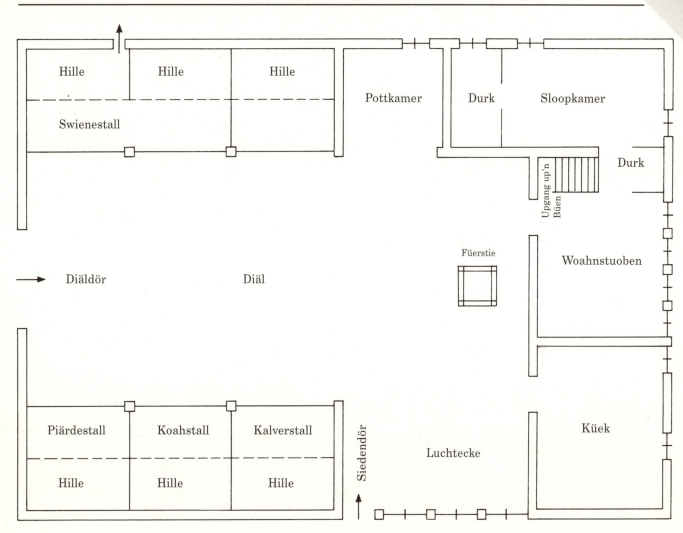

Hinweis zum Recht der Vervielfältigung siehe Seite 2

© Schroedel Schulbuchverlag GmbH, Hannover

Karte · Bild · Wort, Arbeitsheft

1. Die Zeichnung zeigt den Grundriss eines münsterländischen Bauernhauses. Die einzelnen Räume sind mit plattdeutschen Bezeichnungen beschrieben. Übersetzte sie in die hochdeutsche Sprache.

plattdeutsch	hochdeutsch	plattdeutsch	hochdeutsch
Durk	Wandbrett	Piärdestall	_____
Büen	Boden	Swienestall	_____
Upgang	_____	Hille	niedrige Kammer über den Ställen
Wuohnstuoben	_____	Diäl	_____
Kamer	_____	Füerstie	_____
Luchtecke	Arbeitsecke	Küek	_____
Siedendör	_____	Diäldör	_____
Kalverstall	_____	Sloapkamer	_____
Koahstall	_____		

Zu den Seiten 50 und 51

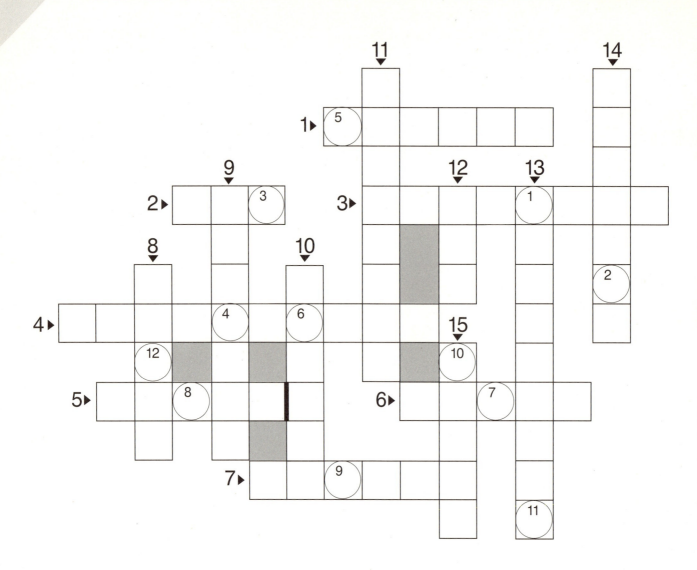

waagerecht:

1. Frucht des Eichenbaumes
2. Fluss im Münsterland
3. alte Bauweise
4. südliches Randgebirge
5. Berufsstand, der von der Landwirtschaft lebt
6. Hackfrüchte zum Füttern
7. junges, kleines Schwein

senkrecht:

8. schiffbarer künstlicher Wasserweg
9. größte Stadt des Münsterlandes
10. Wassergraben zum Schutz eines Hofes
11. grüne Farbe auf der Landkarte bedeutet …
12. Autokennzeichen des Kreises Coesfeld
13. Bepflanzung zum Schutz der Felder
14. beliebtes Verkehrsmittel im Münsterland
15. Nebenprodukt der Tierhaltung, Dünger

Wenn du alle Wörter richtig geraten hast, ergeben die Buchstaben in den eingekreisten Feldern (Reihenfolge 1-12) häufig im Münsterland vorkommende Sehenswürdigkeiten aus alter Zeit.

1	2	3	4	5	6	7	8	9	10	11	12

Zu den Seiten 48 bis 53

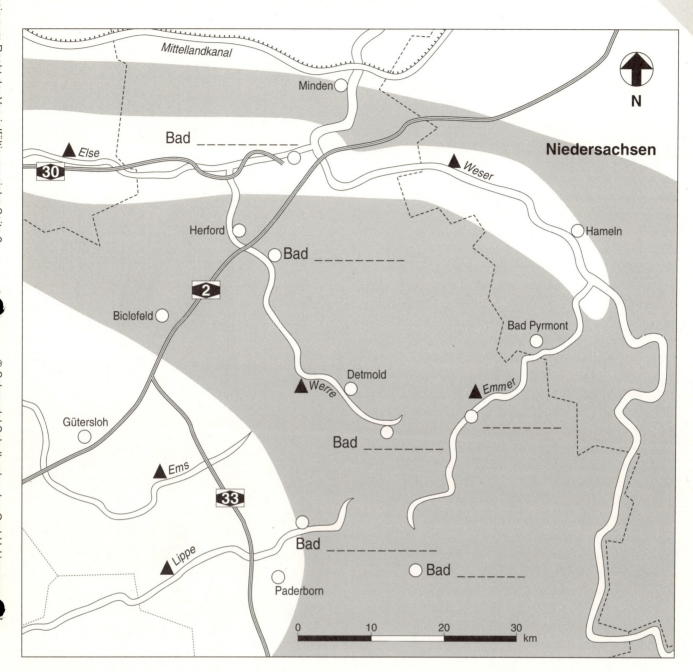

Mittellandkanal

Minden

Bad _____

Else

30

Niedersachsen

Weser

Herford

Bad _____

Hameln

2

Bielefeld

Bad Pyrmont

Detmold

Werre

Emmer

_____

Bad _____

Gütersloh

Ems

33

Bad _____

Bad _____

Lippe

Paderborn

0   10   20   30 km

N

1. Male die Landesgrenze rot nach.

2. Trage die Namen der Badeorte in die Karte ein.

3. Male die Karte mit den richtigen Farben aus.

4. Vervollständige die Legende.

Legende

—·—·— Landesgrenze

○   Stadt

_____

_____

_____

_____

_____

Zu der Seite 54

Der Brunnen im Dome

aus „Der Sagenschatz Westfalens"

Im Dome zu Paderborn quillt ein tiefer, kühler Brunnen, die Pader, von welchem die Stadt ihren Namen hat. An ihn knüpft eine alte Sage: Unten in dem Brunnen ruhen Schätze von Gold und Edelsteinen, die mehr wert sind als das ganze Paderbornsche Land, aber niemand vermag sie zu heben, denn ein schwerer Bann hält sie von alten Zeiten her gefangen. Aber auch ein steinernes Muttergottesbild ruht unten in der Tiefe. Über dieses hat der Zauber keine Macht und jeder, der das rechte Wort und die rechte Zeit weiß, kann das Bild herausheben. Wenn aber das Bild gehoben sein wird, kommt alles nur erdenkliche Glück über Haus, Stadt und Land, wo es sich befindet.

Ein alter Bischof von Paderborn hatte von diesem Segen spendenden Muttergottesbilde gehört und fühlte ein heißes Verlangen, in seinen Besitz zu kommen. Da meldete sich eines Tages ein Zauberer und versprach dem Kirchenfürsten, das Bild aus dem Brunnen herauszuholen, und verlangte als Entgelt nur die Erlaubnis, in dem von der Mutter Gottes gesegneten Lande wohnen zu dürfen! Der Bischof ging freudig auf die Bedingung ein, gewährte auch dem Manne die erbetene dreitägige Vorbereitungsfrist und schritt am dritten Tage mit ihm in den Dom.

Gerade als Mittag war, stellten sie sich an den Rand des Brunnens und der Fremde fing an, nachdem er dem Bischofe das größte Schweigen auferlegt hatte, aus einem großen Buche halblaut zu lesen. Nachdem er drei Zauberformeln, die eine noch stärker als die andere, gebraucht hatte, versiegte das Wasser im Brunnen und die Treppe wurde sichtbar, die auf vielen Stufen hinabführte.

Auf diesen stieg der Zauberer hinunter und verschwand am Ende durch eine kleine Tür im Brunnen. Es dauerte lange, da kam er zurück und trug das schwere Steinbild, das ganz grau und verwittert aussah, auf seiner Schulter. So wie er heraufstieg, kam das Wasser langsam hinter ihm her und als er oben war, stand es gerade wieder so hoch im Brunnen wie vor der Beschwörung. Ein unbeschreiblich angenehmer Duft ging von dem Muttergottesbilde aus, welches der Bischof mit tiefer, heiliger Ehrfurcht erfasste und auf dem Hochaltar niedersetzte. Da der Bischof gern erfahren wollte, ob der Zauberer auch von den unermesslichen Schätzen gesehen, die unten im Brunnen bewacht werden, so fragte er ihn danach. Und der Fremde fing an zu erzählen von den wunderbaren Sachen, die er unten in der Tiefe gesehen, von goldenen Palästen, von Gärten, in welchen Diamantenblumen blühten, von Bächen ed-

len Weines, die über Rubinfelder rauschten. Da erfasste der Bischof das Verlangen ebenfalls diese Schätze zu schauen. Obwohl der Zauberer ihm die großen Gefahren, denen er entgegenging, eindringlich vorstellte, ihn mit Tränen in den Augen bat sein Leben und seiner Seele Heil nicht aufs Spiel zu setzen, wollte der Bischof nicht von seinem Vorhaben absehen und der Fremde musste die Beschwörung zum zweiten Male beginnen. Als der Brunnen leer und die Treppe wiederum sichtbar war, stieg der Bischof hinab. Er ist aber nicht wiedergekehrt. Zugleich waren der Zauberer und das steinerne Marienbild verschwunden. Der Brunnen quillt aber nach wie vor.

Zu der Seite 57

Karte · Bild · Wort, Arbeitsheft

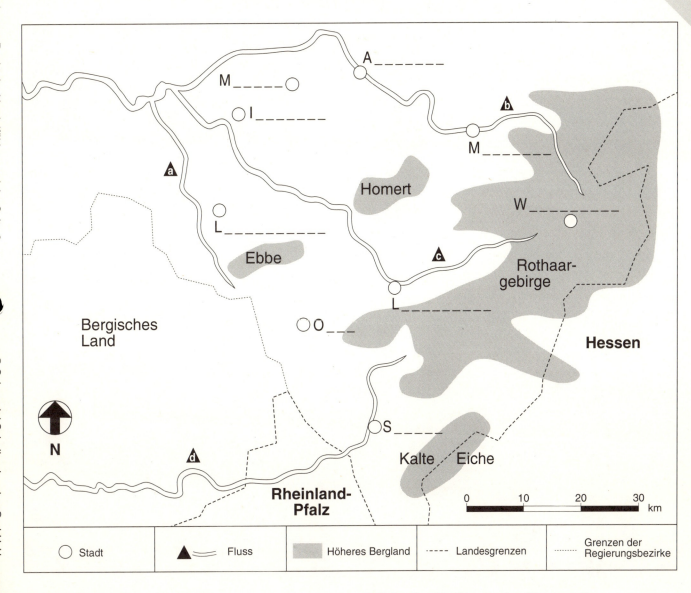

1. Male die Landesgrenzen rot nach.

2. Schreibe die Namen der Städte in die Karte.

3. Male die Karte aus:
    Städte = rot
    Flüsse = blau
    Bergland = hellbraun
    höheres Bergland = braun

4. Vervollständige die Legende.

5. Schreibe die Namen der Flüsse auf:

a _____

b _____

c _____

d _____

Zu den Seiten 58 und 59

In Gruben- und niedrigen Schachtöfen aus Lehm, Bruchstein oder Findlingen wurden reine, leicht reduzierbare Eisenerze, meist nachdem sie gewaschen und geröstet worden waren, mit Holzkohle niedergeschmolzen. Diese kleinen Öfen, Rennöfen oder Rennfeuer genannt, wurden anfänglich mit natürlichem Luftzug betrieben; später sorgten kleine, handgetriebene Blasebälge für den notwendigen Luftzug. Das Erzeugnis war ein etwa kindskopfgroßer, schlackendurchsetzter Klumpen (Luppe) schmiedbaren Eisens oder Stahls, der durch wiederholtes Ausbeizen und Schmieden von den anhaftenden und eingeschlossenen Schlacken befreit und dann fortan in Fertigerzeugnisse, wie Waffen, Hausgeräte und sonstige Gebrauchsgegenstände, umgewandelt wurde.

Am Berghang wurde eine Stelle gesucht, die der Wind gut erreichen konnte. Aus Steinen und Lehm baute man einen kleinen Ofen. Unten hatte er ein Loch. Durch das Loch blies der Wind in den Ofen. Oben war der Ofen offen. So einen Schmelzofen nannten die Menschen „Rennofen".

Der Ofen wurde mit <u>Eisenerz</u> und <u>Holzkohle</u> gefüllt. Wenn er angezündet wurde, blies der <u>Wind</u> in das Feuer. Es wurde dadurch so heiß, dass das Eisen aus dem Erz herausschmolz. Es floss in eine kleine Grube vor dem Ofen. Dort wurde das Eisen kalt und fest. Der Klumpen war etwa so groß wie ein Kinderkopf. Die Leute nannten diesen Klumpen „Luppe".

Weil das Eisen noch Schlacke enthielt, wurde es wieder erhitzt und geschmiedet. Beim Schmieden fiel die Schlacke ab.

Aus dem Eisen stellte der Schmied viele Dinge her, die die Leute brauchten.

1. Lies beide Texte und vergleiche sie.

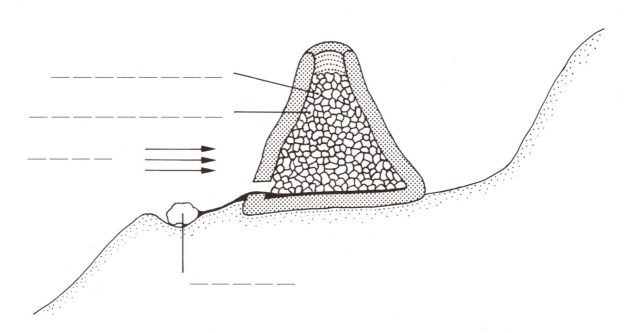

2. Trage die oben im Text unterstrichenen Wörter richtig in die Abbildung ein.

Zu der Seite 62

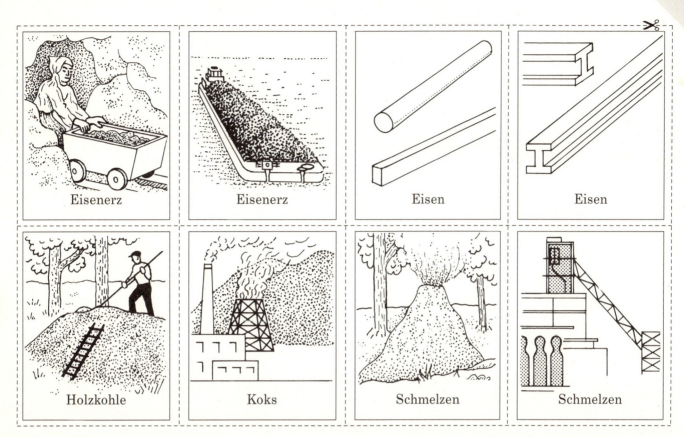

Die Eisenherstellung hat sich von früher bis heute sehr verändert. Die Abbildungen oben zeigen einzelne Arbeitsschritte der Eisenherstellung von früher und heute.

1. Schneide die Abbildungen aus.
2. Sortiere nun, was früher zur Eisenherstellung und was heute zur Eisenherstellung gehört.
3. Bringe die Abbildungen jeweils in die richtige Reihenfolge.
4. Nimm ein DIN-A4-Blatt Papier. Schreibe die Überschrift dieses Arbeitsblattes darauf. Falte das Blatt der Länge nach in zwei Hälften. Schreibe über die linke Hälfte „früher" und über die rechte Hälfte „heute".
5. Klebe nun die Abbildungen in der richtigen Reihenfolge in folgender Weise auf das Blatt Papier auf:

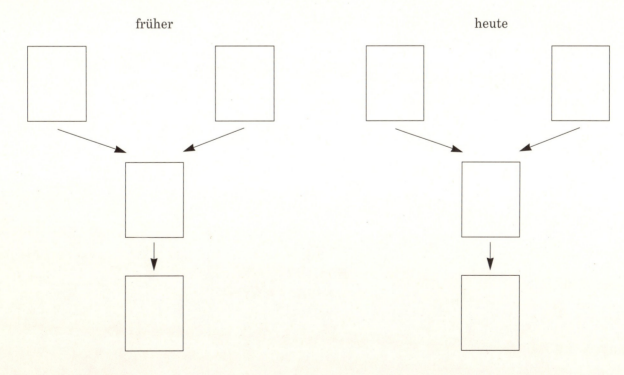

Zu den Seiten 60 bis 62

© Schroedel Schulbuchverlag GmbH, Hannover

1. Beschreibe die einzelnen Arbeitsschritte der Schraubenherstellung.

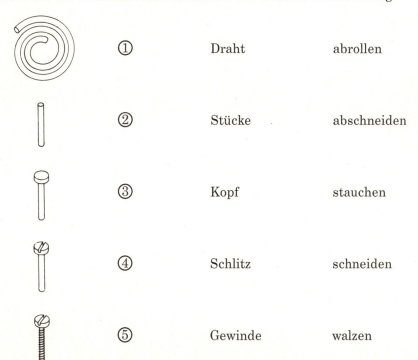

①   Draht   abrollen

②   Stücke   abschneiden

③   Kopf   stauchen

④   Schlitz   schneiden

⑤   Gewinde   walzen

2. Hier sind Dinge dargestellt, die aus Draht hergestellt werden. Schreibe folgende Wörter unter die richtigen Abbildungen: Haken, Federn, Ösen, Schlüsselringe.

3. Suche selbst einen Gegenstand, der aus Draht hergestellt wurde. Zeichne ihn in den freien Kasten.

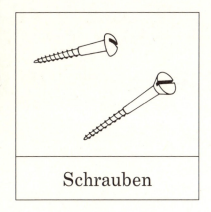

Schrauben

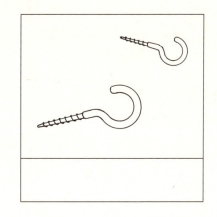

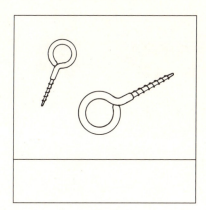

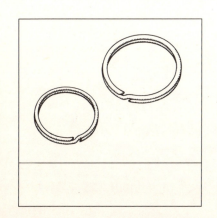

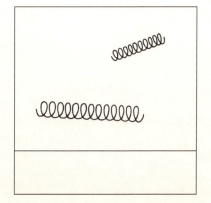

Zu den Seiten 60 bis 63.

Hinweis zum Recht der Vervielfältigung siehe Seite 2

© Schroedel Schulbuchverlag GmbH, Hannover

Karte · Bild · Wort, Arbeitsheft

Sägewerk Alpmann

Baumschule

1. Schaue dir die Abbildungen an. Stelle die richtige Reihenfolge der Bilder her. Trage dazu die richtige Zahl in das Kästchen. (1-6)

2. Erzähle die Geschichte:
   „Vom Fichtenzapfen zum Stuhl"

Zu der Seite 64

3. Schreibe Gegenstände auf, die aus Holz hergestellt werden.

4. Zeichne einige dieser Gegenstände.

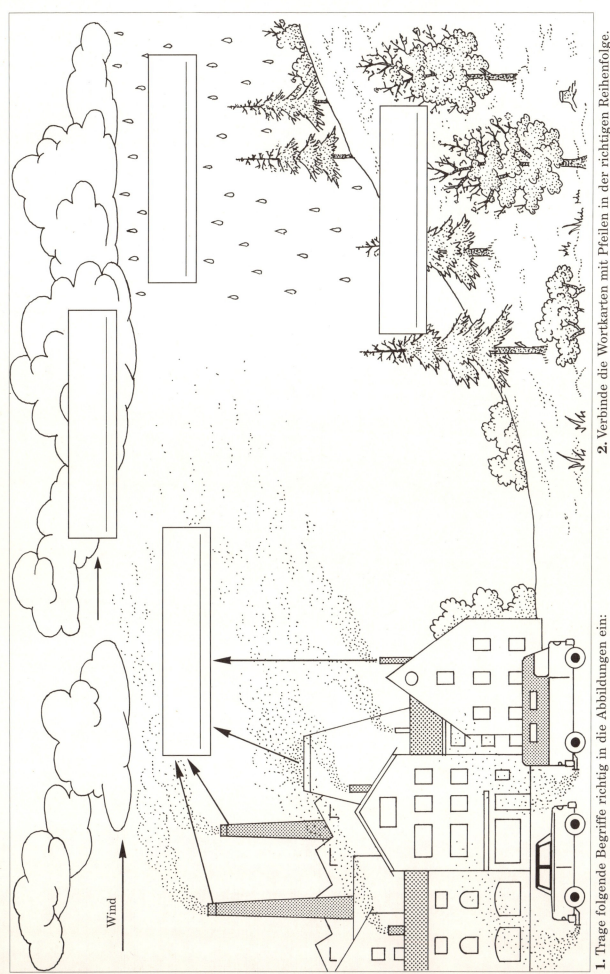

Wind

1. Trage folgende Begriffe richtig in die Abbildungen ein:
   Wolken, Saurer Regen, Waldschäden, Abgase.

2. Verbinde die Wortkarten mit Pfeilen in der richtigen Reihenfolge.

3. Beschreibe mit deinen Worten, was auf dem Bild dargestellt ist.

Zu der Seite 65

Hinweis zum Recht der Vervielfältigung siehe Seite 2

© Schroedel Schulbuchverlag GmbH, Hannover

Karte · Bild · Wort, Arbeitsheft

1. Wird im Siegerland verarbeitet.
2. Name für die Autobahn A 45.
3. Sie machten das Siegerland schon früh zu einem Eisenland.
4. Wurde zu Beginn des Jahrhunderts auf einer Burg eingerichtet.
5. Ist für die Menschen im Hochsauerland eine wichtige Einnahmequelle.
6. Wird heute nicht mehr gefördert.
7. Es gibt das Märkische ? und das Hoch ? .
8. Die Burg dieser Stadt ist auf dem Bild S. 59.
9. Sind im Hochsauerland mager.
10. Landschaft im Südwestfälischen Bergland.

Die Buchstaben im Kasten ergeben eine Landschaft.
Ein Fluss gab ihr den Namen.

1 _ _ _ _ _
2 _ _ _ _ _ _ _ _ _
3 _ _ _ _ _ _ _ _
4 _ _ _ _ _ _ _ _ _
5 _ _ _ _ _ _ _ _
6 _ _ _ _ _ _ _ _
7 _ _ _ _ _ _ _ _ _
8 _ _ _ _ _ _ _
9 _ _ _ _ _ _
10 _ _ _ _ _ _ _ _ _ _

___ ___ ___ ___ ___ ___ ___ ___

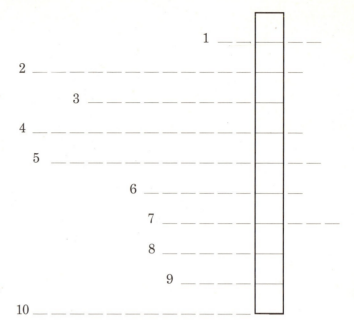

In der Nähe der abgebildeten Städte liegen Talsperren. Wie heißen sie:

bei Lüdenscheid: **V E R S E**

zwischen Halver und Kierspe: _ _ _ [ ]

zwischen Attendorn und Olpe: [ ] _ _ _

bei Sundern: _ _ [ ] _

bei Meschede: _ _ [ ] _ _

bei Netphen: _ _ _ [ ] [ ]

bei Arnsberg: _ _ _ _ [ ]

Wenn du die eingerahmten Buchstaben richtig ordnest, erhältst du wieder den Namen einer Talsperre.

___ ___ ___ ___ ___ ___ ___ ___

Zu den Seiten 58 bis 65